Einfach programmieren

Mit Arbeitsheft und App Programmieren lernen

Von Diana Knodel und Philipp Knodel
mit Illustrationen von Jan Radermacher

Ernst Klett Verlag
Stuttgart · Leipzig · Dortmund

Inhalt

Über dieses Arbeitsheft

Wie funktionieren Computer? Was sind Programmiersprachen? Wie sieht richtiger Programmcode aus?
Und wie sagt man einem Roboter, dass er Pfannkuchen backen soll?
In diesem Arbeitsheft zeigen wir dir, wie du Computern beibringst, bestimmte Aufgaben für dich zu erledigen.
Das wird Programmieren genannt und macht richtig viel Spaß!
Wir erklären dir Schritt für Schritt wichtige Konzepte der Informatik. Zum Beispiel was ein Algorithmus ist,
wie Programmiererinnen und Programmierer Fehler suchen, wie sich Computer Dinge merken oder was bedingte Anweisungen sind. Auf deiner Reise durch das Arbeitsheft begleiten dich:
Lea, Paul, Roby, Variabla und der **Datendrache**.

Probier's aus!

Hallo Welt ... äh Hallo du.
Ich bin Roby. Ich habe viele
kleine Rätsel und andere
Aufgaben für dich vorbereitet,
die du direkt im Arbeitsheft
lösen kannst.

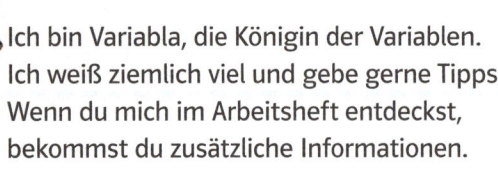

Ich bin Variabla, die Königin der Variablen.
Ich weiß ziemlich viel und gebe gerne Tipps.
Wenn du mich im Arbeitsheft entdeckst,
bekommst du zusätzliche Informationen.

Lea und Paul lernen gerade Programmieren. Das ist sehr praktisch.
So können sie ihrem Roboter Roby sagen, was er für sie erledigen soll,
und haben mehr Zeit für andere Dinge.

wenn es regnet

dann nimm den Regenschirm

zieh die Gummistiefel an

geh aus dem Haus

Mampf, mampf … Hallo! Ich bin der
Datendrache. Am liebsten esse ich Datensalat. Hmmm. Und jetzt leg am besten
schnell los, bevor ich die ganzen Daten
aus dem Arbeitsheft aufgegessen habe …

Mit einem Tablet oder Smartphone kannst du
auf jeder Arbeitsheftseite Spiele spielen und Übungen
lösen. Starte einfach die App „**Einfach programmieren**",
lege das Gerät an das Heft an und los geht's.
Auf den vier Labyrinth-Seiten im Arbeitsheft
erwarten dich kleine Abenteuer, bei denen du
selbst programmieren kannst.

In der App wird der Begriff „Smartphone" stellvertretend
für alle einsetzbaren Geräte (z. B. Tablet) verwendet.

Programmieren
Lass den Computer dein Zimmer aufräumen

Computer sind in vielen Dingen sehr gut, zum Beispiel im Rechnen oder wenn es darum geht, immer wieder gleiche Aufgaben zu erledigen. Und sie sind auch gut darin, Anweisungen auszuführen. Was Computer aber nicht gut können, ist, selbst zu denken. Wenn Computer also nicht selbst denken können – wie bringst du sie dann dazu, dass sie trotzdem das tun, was du willst? Ganz einfach: Du gibst dem Computer Anweisungen, denen er dann ganz genau folgt. Oder anders gesagt: Du **programmierst** den Computer.

Bevor du mit der Programmierung startest, überlegst du, was der Computer genau machen soll. Es geht immer darum, Probleme zu lösen. Große Probleme lassen sich einfacher lösen, wenn du sie in kleinere Probleme aufteilst und diese dann Schritt für Schritt abarbeitest. Das machst du im Alltag auch – ohne dass du dir viele Gedanken darüber machst.

Beispiel

Morgen hat Paul Geburtstag und Lea hat vergessen, sein Geschenk einzupacken. Da sie heute Nachmittag keine Zeit hat, das Geschenk selbst einzupacken, soll Roby diese Aufgabe für sie übernehmen. Dazu programmiert sie ihn. Oder anders gesagt: Sie gibt ihm genaue Anweisungen, was er machen soll.

1. Hole das Geschenk, Geschenkpapier, Klebeband und eine Schere.

2. Nimm die Schere.

3. Schneide das Geschenkpapier auf die richtige Größe.

4. Schneide drei Streifen Klebeband ab.

5. Wickle das Geschenkpapier um das Geschenk.

6. Klebe das Geschenkpapier mit den Klebestreifen fest.

7. Räume das restliche Geschenkpapier, Klebeband und Schere auf.

Probier's aus!

Ein Roboter, der für dich Aufgaben erledigt, ist toll. Räumst du gerne dein Zimmer auf? Ganz schön langweilig, oder? Für Roby aber kein Problem. Sag ihm doch einfach, was er machen soll.

- Heb das Buch vom Boden auf.
- Stelle es in das Bücherregal.
- Nimm den Pulli vom Sessel.
- ...

Was könnte Roby noch für dich erledigen? Überlege dir 1 bis 2 Beispiele und schreibe die Anweisungen dafür auf.

_____

_____

_____

_____

_____

_____

Was ist ein Computer?

Computer bestehen nicht immer aus einer Box, an die ein Monitor angeschlossen ist. Auch Smartphones und Roboter sind Computer und sogar Glühbirnen oder Armbänder können Computer sein. Denn all diese Dinge kannst du programmieren, damit sie eine bestimmte Aufgabe für dich erledigen:

- Der Roboter räumt dein Zimmer auf.
- Die Glühbirne leuchtet blau, wenn es anfängt zu regnen.

Das Computerprogramm
Eine verschlossene Box

„Programmieren" bedeutet, dass du ein **Computerprogramm** schreibst. Dieses besteht aus vielen Anweisungen. Oder anders gesagt: Ein Computerprogramm besteht aus **Code**. Computerprogramme findest du fast überall: **Apps** auf dem **Smartphone** sind Computerprogramme. **Viren**, die versuchen, deinen Computer zu schädigen, sind Computerprogramme. Aufzüge und Ampeln werden von Computerprogrammen gesteuert. Der Autopilot im Flugzeug ist ein Computerprogramm. Und bei einem Raketenstart kommen viele Computerprogramme gleichzeitig zum Einsatz. Die meisten Computerprogramme funktionieren so, dass sie
- Daten bekommen (Eingabe)
- Daten verarbeiten (Verarbeitung)
- Ergebnisse ausgeben (Ausgabe).

Allerdings kannst du nicht einfach in ein Computerprogramm hineinschauen. Das Computerprogramm ist wie eine verschlossene Box. In der Box wird irgendetwas mit den erhaltenen Daten gemacht und dann ein Ergebnis ausgegeben. Wenn du das Computerprogramm selbst programmiert hast oder den Code (also den Inhalt der Box) lesen kannst, weißt du natürlich, was in der Box passiert. Ansonsten musst du genau überlegen, um den Inhalt der Box herauszufinden.

Beispiel

Paul hat Roby programmiert. Lea soll herausfinden, was Paul Roby „beigebracht" hat. Um das zu erraten, nennt Lea Zahlen und Roby zeigt ein Ergebnis an. Nach einigen Versuchen weiß Lea, was für ein Computerprogramm Paul für Roby geschrieben hat. **Findest du es auch heraus?**

Eingabe	Verarbeitung	Ausgabe
2	➡ [...] ➡	4
3	➡ [...] ➡	6
5	➡ [...] ➡	10

Und welches Computerprogramm führt Roby hier aus?

Eingabe	Verarbeitung	Ausgabe
Mehl, Milch, Eier	➡ [...] ➡	Pfannkuchen
Grieß, Milch	➡ [...] ➡	Grießbrei
Zitronen, Zucker, Wasser	➡ [...] ➡	Limonade

Probier's aus!

Fallen dir Computerprogramme ein, um Roby zu programmieren?

Wie programmierst du Roby, damit er z.B. Wörter für dich übersetzt?

Überlege in folgenden Schritten:

- Benötigt Roby dafür bestimmte Informationen? Falls ja, welche? (Eingabe)
- Was macht Roby mit den eingegebenen Informationen? (Verarbeitung)
- Welches Ergebnis gibt Roby aus? (Ausgabe)

Fallen dir noch weitere Beispiele ein?

Eingabe	Verarbeitung	Ausgabe

Wer hat das erste Programm geschrieben?

Ada Lovelace gilt als erste Programmiererin. Sie war eine Mathematikerin aus England und lebte von 1815 bis 1852. Zu dieser Zeit gab es noch keine Computer, wie wir sie heute kennen, daher konnte ihr Programm nur von Hand ausgeführt werden.

AUSGABE

Der Algorithmus
Eine Wegbeschreibung für Computer

Computerprogramme bestehen aus Codes, also Anweisungen, die eindeutig und in der richtigen Reihenfolge benannt werden. Das hast du schon gelernt. Um ein Problem zu lösen, musst du mehrere solcher Anweisungen schreiben. Das wird **Algorithmus** genannt.

Ein Computerprogramm besteht also aus einem oder mehreren Algorithmen. Auch im Alltag findest du Algorithmen: Die Wegbeschreibung zu deiner Schule ist zum Beispiel ein Algorithmus oder das Backrezept für deinen Lieblingskuchen, denn hier folgst du nacheinander bestimmten Anweisungen.

Algorithmus klingt sehr kompliziert, dabei ist es eigentlich ganz einfach. Stell dir als Eselsbrücke einfach eine Wegbeschreibung vor: Der Datendrache will Variabla besuchen. Er weiß aber nicht, wie er zu ihrem Baumhaus kommt. Also erklärt Paul ihm Schritt für Schritt den Weg. Diese Beschreibung ist ein Algorithmus.

- Verlasse die Höhle und folge dem Weg.
- Biege vor dem roten Haus nach rechts ab.
- Gehe bis zur nächsten Kreuzung.
- Biege nach links ab.
- Gehe bis zum Ende der Straße.
- Biege nach rechts ab.
- Gehe am See vorbei.
- Biege nach dem See nach rechts ab.
- Jetzt stehst du vor Variablas Baumhaus.

Probier's aus!

Meistens gibt es mehrere Möglichkeiten, um zum Ziel zu kommen. Schau dir noch einmal die Karte mit der Wegbeschreibung von Paul an. Zeichne zuerst den beschrieben Weg auf der Karte rot ein. Dann überlege: Gibt es noch einen kürzeren Weg? Zeichne diesen grün ein und schreibe den Algorithmus (die Wegbeschreibung) dazu auf. Tipp: Dreh die Karte so, dass du den Weg vor Augen hast!

_____

_____

_____

_____

_____

Beispiel

Erinnerst du dich an das Computerprogramm von Seite 8, das eine Zahl verdoppelt hat?

Wenn du das als Algorithmus aufschreibst, sieht das so aus:

Schritt 1: Schau dir die eingegebene Zahl an und rechne noch einmal dieselbe hinzu.

Schritt 2: Zeige das Ergebnis von Schritt 1 an.

Wenn du diesen Algorithmus programmieren willst, musst du ihn als Code schreiben.

Nur so kann ihn der Computer verstehen. Der Code sieht in jeder Programmiersprache anders aus.

Hier siehst du zwei Beispiele für den gleichen Algorithmus.

Grafische Programmierung:

```
function zahl_verdoppeln (zahl)
    var ergebnis = (zahl + zahl)
    return ergebnis
```

JavaScript:

```
function zahl_verdoppeln(zahl){
    var ergebnis = zahl + zahl;
    return ergebnis;
}
```

Probier's aus!

Schau dir das Beispiel mit dem Code an. Der Algorithmus verdoppelt die Zahl.

1. **Wie sieht der Algorithmus in der grafischen Programmierung bzw. in JavaScript aus, damit die Zahl verdreifacht wird?**

2. **Wie sieht der Algorithmus aus, damit zur eingegebenen Zahl die Zahl 2 hinzugerechnet wird?**

Grafische Programmierung:

JavaScript:

_____

_____

_____

_____

_____

Anweisungen
Im Park

Roby will seine Freunde Variabla, den Datendrachen, Lea und Paul besuchen.

Er kennt aber die Wege nicht. Du kannst ihm helfen, indem du folgende Wege für ihn programmierst:

1 **Den Weg vom Start zu Variabla.**

2 **Den Weg vom Start zum Datendrachen.**

3 **Den Weg vom Start zu Pauls Geburtstagsparty.**

Achtung: Um Hindernisse muss Roby herumgehen und wenn er den Fluss überqueren will,

muss er die Brücke benutzen.

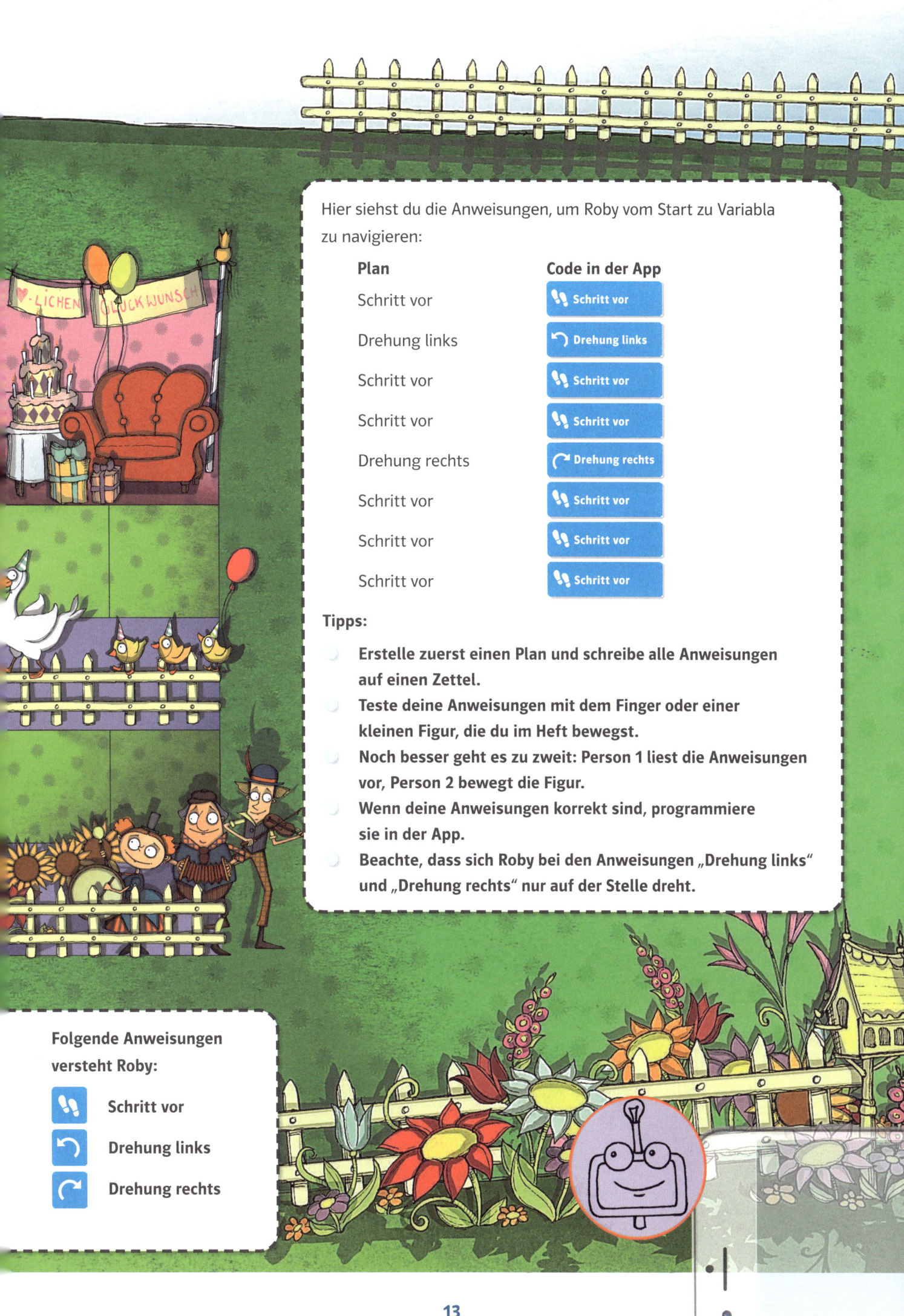

Hier siehst du die Anweisungen, um Roby vom Start zu Variabla zu navigieren:

Plan	Code in der App
Schritt vor	👣 Schritt vor
Drehung links	↰ Drehung links
Schritt vor	👣 Schritt vor
Schritt vor	👣 Schritt vor
Drehung rechts	↱ Drehung rechts
Schritt vor	👣 Schritt vor
Schritt vor	👣 Schritt vor
Schritt vor	👣 Schritt vor

Tipps:

- Erstelle zuerst einen Plan und schreibe alle Anweisungen auf einen Zettel.
- Teste deine Anweisungen mit dem Finger oder einer kleinen Figur, die du im Heft bewegst.
- Noch besser geht es zu zweit: Person 1 liest die Anweisungen vor, Person 2 bewegt die Figur.
- Wenn deine Anweisungen korrekt sind, programmiere sie in der App.
- Beachte, dass sich Roby bei den Anweisungen „Drehung links" und „Drehung rechts" nur auf der Stelle dreht.

Folgende Anweisungen versteht Roby:

- 👣 Schritt vor
- ↰ Drehung links
- ↱ Drehung rechts

Programmiersprachen
So versteht dich dein Computer

Der Computer versteht Anweisungen nur in einer bestimmten Sprache: der sogenannten Maschinensprache. Die **Maschinensprache** hat aber nicht 26 Buchstaben wie unser Alphabet, sondern besteht aus nur zwei Zeichen 0 und 1. Das ist sehr kompliziert und für Menschen schwer verständlich. Deshalb wurden **Programmiersprachen** entwickelt.

Es gibt viele verschiedene Programmiersprachen. Sie heißen zum Beispiel `JavaScript`, `C++`, `Ruby`, `Python`, `PHP`, `Swift`, `C`, `Java` oder `Scratch`.

Je nachdem, was für ein Programm du schreiben willst, ist die eine oder andere Sprache besser geeignet. Welche Programmiersprache du wofür verwendest, entscheidest du.

- Für **Webanwendungen** werden oft Ruby, Python, PHP oder JavaScript genutzt.
- Für Programme, die viel berechnen und dabei schnell sein müssen, kommen häufig C++ oder C zum Einsatz.
- **Apps** für iPhones werden in der Programmiersprache Swift programmiert, Android-Apps in Java.

Was du genau schreiben musst, damit ein bestimmter Befehl ausgeführt wird, sieht in jeder Programmiersprache unterschiedlich aus. Deshalb hat jede Programmiersprache eigene Regeln. Diese kannst du dir vorstellen wie die Regeln in der deutschen Rechtschreibung. Im Deutschen schreiben wir Hauptwörter groß und auch am Satzanfang verwenden wir einen großen Buchstaben. Manche Programmiersprachen verwenden Klammern { ... }, um bestimmte Anweisungen zusammen-zufassen. Oder einen Strichpunkt, um Anweisungen zu beenden. In anderen Programmiersprachen brauchst du das nicht.

Probier's aus!

1. **Entscheide, welche Programmiersprache hier verwendet wurde. Das Beispiel hilft dir dabei.**

a)

```
function zahl_mal_vier($zahl){
    $ergebnis = $zahl * 4;
    return $ergebnis;
}
```

b)

```
def zahl_mal_vier(zahl):
    ergebnis = zahl * 4
    return ergebnis
```

2. **Die zwei Funktionen führen jeweils denselben Befehl aus. Weißt du welchen?**

Beispiel

Lea, Paul, Variabla und der Datendrache haben das JavaScript-Beispiel von Seite 11 in die Programmiersprachen Python, Ruby, PHP und Java übersetzt. Der Code macht immer das Gleiche, er sieht je nach Programmiersprache nur immer etwas anders aus.

Python
```python
def zahl_verdoppeln(zahl):
    ergebnis = zahl + zahl
    return ergebnis
```

Ruby
```ruby
def zahl_verdoppeln(zahl)
    ergebnis = zahl + zahl
    return ergebnis
end
```

PHP
```php
function zahl_verdoppeln($zahl){
    $ergebnis = $zahl + $zahl;
    return $ergebnis;
}
```

Java
```java
public static int zahl_verdoppeln(int zahl){
    int ergebnis = zahl + zahl;
    return ergebnis;
}
```

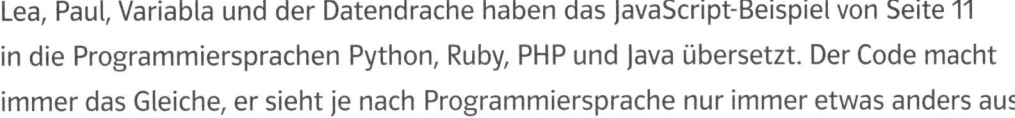

Englisch ist beim Programmieren sehr wichtig, da die meisten Programmiersprachen Englisch als Grundlage verwenden.

Debugging
Den Fehlern auf der Spur

Erinnerst du dich noch daran, als du Rechnen und Schreiben gelernt hast?
Anfangs konntest du das sicher noch nicht so gut wie heute – und du hast bestimmt öfter
Fehler gemacht. Das ist ganz normal und gehört zum Lernen dazu.
Auch Programmiererinnen und Programmierer machen Fehler, wenn sie Programmcodes
schreiben. Aber Computerprogramme funktionieren nur, wenn der Code fehlerfrei ist.
Also heißt es bei Problemen: Fehler suchen und beseitigen. Bei Computerprogrammen kann
das aber ganz schön schwierig sein, vor allem, wenn der Programmcode aus vielen Tausend
Zeilen besteht.
Beim Programmieren wird Fehlersuchen **Debugging** genannt. Warum?
Fehler werden in der Computerwelt „Bug" genannt. **Bug** ist das englische Wort für Käfer.
Das Auffinden und Entfernen dieser Bugs heißt deshalb Debugging.

Eine Motte im Computer
Grace Hopper war eine amerikanische Informatikerin, die von 1906 bis 1992 lebte.
Eines ihrer Programme funktionierte nicht, obwohl Grace im Programmcode keinen
Fehler finden konnte. Also hat sie den Computer aufgeschraubt (Computer waren
damals viel größer als heute). Im Inneren hat Grace zwischen den Schaltern eine
Motte gefunden. Die Motte (englisch: Bug) war der Grund, warum das Programm
nicht funktionierte.

Beispiel

Paul und Lea sind frustriert: Ihr Programm läuft nicht so, wie es soll. Ständig erscheint eine
Fehlermeldung. Paul und Lea gehen ihren Programmcode Schritt für Schritt durch und
schauen, ob sie irgendwo eine Klammer oder einen Strichpunkt vergessen haben. Das sind
typische Fehler. Um solche Fehler zu finden, gibt es heute zum Glück Hilfsprogramme, die
einen in den meisten Fällen warnen.

Programmcodes zu testen und Fehler zu beheben ist sehr wichtig. Manche Menschen machen dies sogar beruflich: Sie sind Software-Testerinnen oder Software-Tester.

Probier's aus!

Findest du die Fehler?

1. Schritt: Finde heraus, um was für eine Folge es sich handelt.
2. Schritt: Finde den Fehler, der sich jeweils eingeschlichen hat.

Folge 1: 4 – 8 – 12 – 16 – 18 – 24 – 28 – 32 – 36 – 40

_____ _____

Folge 2: A – C – E – G – I – K – M – B – Q – S – U – W – Y

_____ _____

Folge 3: 𝟙 ♀ 4 𝟝 𝟞 ▽

_____

Ereignisse
Was passiert, wenn ...?

Was machst du, wenn es an der Haustüre klingelt? Du gehst zur Tür und öffnest sie. Und wenn das Telefon klingelt? Dann gehst du ans Telefon. In beiden Fällen passiert dasselbe: Du wirst informiert und reagierst darauf.

So ähnlich ist das bei Computern auch. Wenn du auf einen **Button** klickst, wird der Computer informiert. Das ist wie das Haustürklingeln. Dann führt der Computer eine Aktion aus. Das ist wie das Türöffnen. Je nachdem, welchen Button du anklickst, führt das Computerprogramm eine ganz bestimmte Aktion aus. In der Computerwelt wird dieser Fall **Ereignis** genannt (englisch: Event). Ein Ereignis (zum Beispiel der Klick auf einen Button) löst eine Aktion aus. Was genau bei dieser Aktion passiert, entscheiden der Programmierer oder die Programmiererin, indem sie einen entsprechenden Code schreiben.

Beispiel

Ereignisse können durch Benutzer ausgelöst werden, wenn diese auf einen Button drücken.

1 **Der Datendrache drückt auf den Knopf und der Aufzug kommt.**

Ereignis: **Knopf drücken.**

Aktion: **Aufzug kommt.**

2 **Lea drückt auf den „Senden"-Button in ihrem E-Mail-Programm und eine Nachricht wird verschickt.**

Ereignis: **Klick auf den Button.**

Aktion: **Verschicken der Nachricht.**

3 **Paul schaut sich auf seinem Handy Fotos an und wischt dazu mit dem Finger über den Bildschirm.**

Ereignis: **Wischen mit dem Finger.**

Aktion: **Anzeigen des nächsten Bildes.**

Beispiel

Ereignisse können aber auch in einem Programm selbst ausgelöst werden:

1   **Dein Handy piepst, weil du eine SMS bekommen hast.**

Ereignis: **SMS kommt an.**

Aktion: **Handy piepst.**

2   **Dein Wecker weckt dich, weil es 7 Uhr ist.**

Ereignis: **Es ist 7 Uhr.**

Aktion: **Weckgeräusch wird abgespielt.**

3   **Die Straßenlaternen vor Pauls Wohnung gehen an, weil es dunkel wird.**

Ereignis: **Es wird dunkel.**

Aktion: **Straßenlaternen gehen an.**

Probier's aus!

Hier siehst du verschiedene Ereignisse und Aktionen. Welche Aktionen werden durch welches Ereignis ausgelöst? Ordne zu.

Ereignisse	Aktionen
Senden-Button klicken.	**Smartphone vibriert.**
SMS kommt an.	**Navigationsapp sagt: „Du hast dein Ziel erreicht."**
Kameraauslöser drücken.	**Foto wird gespeichert.**
Das Auto kommt am Ziel an.	**Nachricht wird verschickt.**

Ereignisse
Die verrückte Fabrik

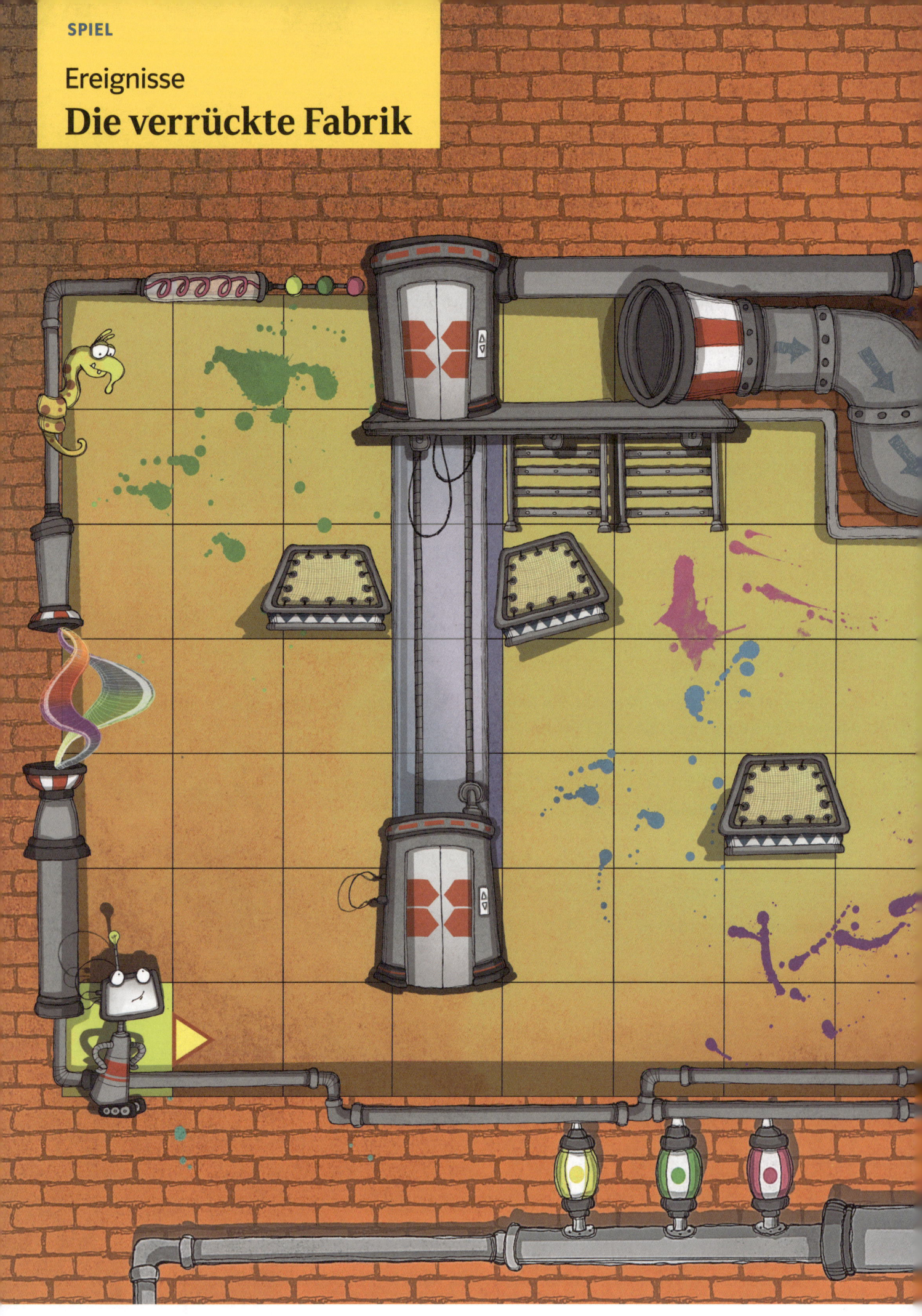

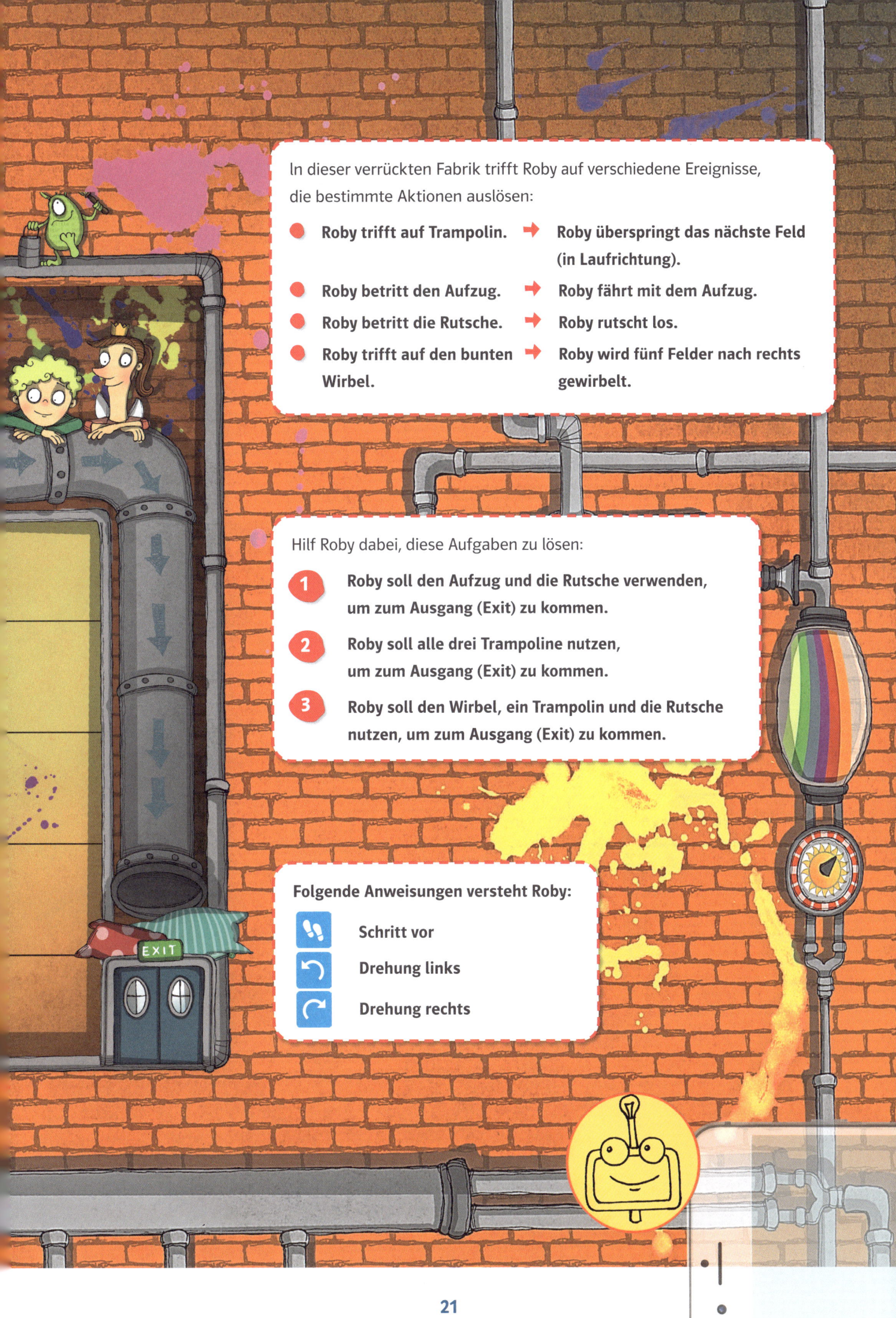

In dieser verrückten Fabrik trifft Roby auf verschiedene Ereignisse, die bestimmte Aktionen auslösen:

- **Roby trifft auf Trampolin.** ➡ **Roby überspringt das nächste Feld (in Laufrichtung).**
- **Roby betritt den Aufzug.** ➡ **Roby fährt mit dem Aufzug.**
- **Roby betritt die Rutsche.** ➡ **Roby rutscht los.**
- **Roby trifft auf den bunten Wirbel.** ➡ **Roby wird fünf Felder nach rechts gewirbelt.**

Hilf Roby dabei, diese Aufgaben zu lösen:

1 **Roby soll den Aufzug und die Rutsche verwenden, um zum Ausgang (Exit) zu kommen.**

2 **Roby soll alle drei Trampoline nutzen, um zum Ausgang (Exit) zu kommen.**

3 **Roby soll den Wirbel, ein Trampolin und die Rutsche nutzen, um zum Ausgang (Exit) zu kommen.**

Folgende Anweisungen versteht Roby:

Schritt vor

Drehung links

Drehung rechts

EXIT

Variablen
Wie sich Computer Dinge merken

Hast du schon einmal den Geburtstag einer Freundin vergessen? Oder vielleicht sogar den deiner Eltern? Computern passiert das nicht. Wenn sie sich etwas merken sollen, dann tun sie das. Und zwar so lange, bis du ihnen sagst, dass sie es wieder vergessen sollen.
Um sich Informationen zu merken, verwenden Computer Variablen. Variablen kannst du dir vorstellen wie kleine Briefumschläge: In jedem Briefumschlag wird eine bestimmte Information aufbewahrt – zum Beispiel: Lea, 11, 12. Dezember. Jeder Umschlag hat eine Beschriftung – zum Beispiel: Name, Alter, Geburtstag.

Variablen haben einen Namen und einen Wert. Der **Variablenname** ist die Beschriftung, die vorne auf dem Briefumschlag steht. Der **Variablenwert** ist die Information, die im Umschlag steckt. Für den Variablennamen gibt es verschiedene Regeln. Beispielsweise dürfen sie keine Leerzeichen enthalten.

Beispiel

Lea will für ihren Steckbrief eine Variable mit dem Variablennamen Name und dem Variablenwert Lea anlegen. Sie schreibt: `mein name = "Lea"` Damit kann der Computer nichts anfangen. Lea hat nämlich eine wichtige Regel vergessen. Sie sollte stattdessen `meinName = "Lea"` schreiben oder `mein_name = "Lea"`.
Was war falsch? Genau. Variablennamen dürfen keine Leerzeichen enthalten.

Variablennamen werden übrigens häufig kleingeschrieben. Das machen wir hier im Arbeitsheft auch so.

Die Schreibweise `meine_strasse_und_hausnummer` wird auch **Snake case** genannt. Oder übersetzt: die **Schlangen-Schreibweise**.

`meineStrasseUndHausnummer` nennt man **Camel case**, die **Kamel-Schreibweise**. Hast du eine Idee, warum? **Schreibe auf.**

_____

_____

_____

Probier's aus!

Schreibe diese Sätze in der Schlangen-Schreibweise und der Kamel-Schreibweise. Wichtig: Beginne immer mit einem kleinen Buchstaben.

1. Der Datendrache hat Hunger.
2. Lea liebt lila Luftballons.
3. Paul programmiert Roby.

_____

_____

_____

_____

_____

Variablen
Wie du dem Computer Änderungen mitteilst

Du entscheidest, wie du den Variablennamen einer Variablen nennst.
Diesen Namen gibst du in den Computer ein und er wird gespeichert.
Der Variablenname ändert sich dann nicht mehr. Den Inhalt der Variablen kannst du aber
ganz einfach ändern – sooft du möchtest. Es ist wichtig, dass du Variablennamen sinnvoll auswählst.
So verstehen andere Programmiererinnen und Programmierer, was gemeint ist.

Diese Variablennamen sind nicht gut gewählt:

```
variable1 = "Paul"
variable2 = 11
variable3 = "800m"
```

Du kannst zwar erraten, dass `variable1` vermutlich für einen Namen steht.
Aber `variable2`? Das könnte das Alter sein. Aber vielleicht auch die Anzahl der Freunde oder die
Nummer auf dem Fußballtrikot. Auch bei `variable3` weißt du nicht, wofür „800m" steht.

Deshalb ist es wichtig, genauere Begriffe zu verwenden. Also zum Beispiel:

```
name = "Paul"
alter = 11
schulweg = "800m"
```

Beispiel

Denk noch einmal an die Briefumschläge: Der Datendrache hat seine aktuelle Adresse
als Variable gespeichert. Auf dem Briefumschlag steht `aktuelle_adresse`.
Im Umschlag ist eine Karte, auf der seine Adresse steht.
Weil der Datendrache umzieht, schreibt er eine Karte mit seiner neuen Adresse und legt
diese in den Umschlag. Die Karte mit der alten Adresse wirft er weg. Das, was außen auf
dem Umschlag steht – `aktuelle_adresse` –, ändert sich nicht.

Probier's aus!

Beschrifte drei Briefumschläge mit „Frühstück", „Mittagessen"
und „Abendessen". Schreibe auf je einen kleinen Zettel, was du bei
deiner letzten Mahlzeit gegessen hast. Dann steckst du die jeweils
passenden Kärtchen in die Umschläge.
Jetzt hast du Variablen. Nach der nächsten Mahlzeit kannst du – je
nachdem, ob du etwas anderes gegessen hast als beim letzten Mal –
den Inhalt der Variablen austauschen.
Notiere deine Erkenntnisse.

_____

_____

_____

_____

Datentypen
1001 Antworten

Wahrscheinlich hast du schon einmal einen Steckbrief oder einen Fragebogen ausgefüllt.
Hier hast du sicher viele verschiedene Fragen beantwortet. Du hast vermutlich deinen Namen
angegeben, dein Alter, vielleicht deine Lieblingsfächer, deine Lieblingsfarbe, ob du Geschwister hast,
was deine Hobbys sind und ganz viele andere Dinge.

Computer unterscheiden zwischen verschiedenen Arten von Informationen.
In einem Steckbrief gibt es zum Beispiel Texte, Zahlen und Aufzählungen.
Programmiererinnen und Programmierer sagen dazu auch **Datentypen**.
Der Name ist beispielsweise ein Text **(String)**, das Alter ist eine Zahl **(Integer)**,
die Frage nach Geschwistern kannst du nur mit wahr oder falsch beantworten **(Boolean)**.
Wenn du mehr als ein Hobby hast, ist das eine **Liste**.

Beispiel

Der Datendrache hat von Variabla ein Freundschaftsbuch bekommen und
füllt den Steckbrief aus. Im Steckbrief des Datendrachen stecken vier wichtige
Datentypen: String, Integer, Boolean und Liste.
Diese erklären wir dir auf den nächsten Seiten genauer.

Steckbrief im Freundschaftsbuch:

Wie heißt du?	Datendrache
Wie alt bist du?	101 Jahre
Was ist dein Lieblingsessen?	Datensalat
Was ist deine Lieblingsfarbe?	Grün
Hast du Geschwister?	ja
Wie viele Freunde hast du?	22
Was sind deine Hobbys?	Daten sammeln, Daten sortieren, Daten verstecken

Wenn du diesen Steckbrief im Computer speichern willst, brauchst du mehrere Variablen.

Steckbrief im Computer gespeichert:

```
name =            "Datendrache"
alter =           101
lieblingsessen =  "Datensalat"
lieblingsfarbe =  "Grün"
hat_geschwister = wahr
anzahl_freunde =  22
hobbys =          ["Daten sammeln",
                   "Daten sortieren",
                   "Daten verstecken"]
```

Probier's aus!

Schreibe noch mehr Fragen für den Steckbrief des Datendrachen auf. Wie werden die Daten im Computer gespeichert? In den Antworten sollen folgende Datentypen vorkommen:

1. **Text**
2. **Zahl**
3. **Boolean (wahr oder falsch)**
4. **eine Liste**

Fragen	Im Computer gespeichert
_____	_____
_____	_____
_____	_____
_____	_____

Strings

Augen auf im Buchstaben-Wirrwarr

Fast alle Apps, Webseiten oder anderen Computerprogramme nutzen Texte.
Das können kurze Texte sein wie einzelne Wörter oder Namen. Oder längere Texte wie Geschichten.
In der Programmierung kannst du zu Texten auch String oder Zeichenkette sagen.
Damit Computer erkennen, dass es sich um einen String handelt, verwendest du doppelte ("…") oder
einfache ('…') Anführungszeichen zur Kennzeichnung.

Strings bestehen nicht immer aus einzelnen Wörtern. Auch ein ganzer Satz oder sogar längere Texte
können als String gespeichert werden:

"Hallo, ich bin ein Text. In der Computersprache werde ich auch String
genannt."

Strings kommen überall dort zum Einsatz, wo du Text verwenden möchtest.
Dein Name ist zum Beispiel ein String.
Computer können mit Strings verschiedene Dinge machen: den Anfangsbuchstaben eines Wortes
auslesen, die Länge eines Wortes erkennen, alle Leerzeichen zählen …

Beispiel

Lea will die einzelnen Buchstaben ihres Namens ausgeben.

Um den ersten Buchstaben abzufragen, muss sie den Buchstaben an

Stelle 0 auslesen. Als Programmcode sieht das zum Beispiel so aus:

```
name = "Lea";
buchstabe1 = name.getChar(0);   ➡  Sie bekommt ein L.
buchstabe2 = name.getChar(1);   ➡  Sie bekommt ein e.
buchstabe3 = name.getChar(2);   ➡  Sie bekommt ein a.
```

getChar steht für getCharacter.
Das ist Englisch und bedeutet übersetzt etwa „hole das Zeichen".
getChar(0) bedeutet in unserem Beispiel also:
„hole den Buchstaben an der Stelle 0".

Warum fragt Lea den ersten Buchstaben an Stelle 0 ab und nicht an

Stelle 1? Ganz einfach:

Programmiererinnen und Programmierer fangen bei 0 an zu zählen.

Probier's aus!

In diesem Buchstaben-Wirrwarr haben sich drei Strings versteckt. Findest du sie? Kreise die Wörter ein und schreibe sie auf.

A	F	C	W	H	S	X	T
S	V	H	S	C	H	S	C
R	L	E	A	A	V	H	D
C	W	J	W	S	A	L	U
D	F	E	N	M	S	U	C
D	R	A	C	H	E	A	Y
B	K	E	J	S	H	P	K
S	B	T	J	A	Q	G	B

wort1 = _____

wort2 = _____

wort3 = _____

Integer
Wie sich Computer Zahlen merken

Computer merken sich nicht nur Texte, sondern auch Zahlen.
Zum Beispiel dein Alter oder den Punktestand im Spiel.
Als Variable aufgeschrieben sieht das so aus: `mein_alter = 10`
Der Variablenname ist hier `mein_alter`, der Variablenwert ist 10.
Weil du genau einmal im Jahr Geburtstag hast, ändert sich der Wert
der Variablen, auch genau einmal im Jahr. Zu dem Ausgangswert 10
kommt jedes Jahr + 1 dazu.

Der Wert der Variablen `mein_alter` ist immer eine ganze Zahl.
Ganze Zahlen (also alle Zahlen ohne Kommastellen) heißen beim
Programmieren **Integer**.

Dein Alter kannst du natürlich auch als Text speichern:
`mein_alter = "zehn"` oder `mein_alter = "10"`.
Wenn du etwas in Anführungszeichen schreibst "...", liest es der Computer als Text
und nicht als Zahl.

Warum ist es sinnvoll, Zahlen als Zahl (`10`) und nicht als Text (`"zehn"`)
zu speichern?
Mit Zahlen können Computer Berechnungen durchführen.
Zum Beispiel `10 + 1 = 11`. Mit Text ist das nicht möglich.
Aus `"zehn"` + `"eins"` machen Computer nicht `"elf"`.
Denn Texte können Computer nicht addieren oder multi-
plizieren.

Beispiel

Der Datendrache ist ganz schön alt, zumindest im Vergleich zu uns Menschen.
Er ist 101 Jahre alt. Er trägt also in die Variable `mein_alter = 101` ein.
An seinem Geburtstag passt er die Variable an: `mein_alter = 101 + 1`.
Das ergibt `mein_alter = 102`.

Probier's aus!

Zahlen sind wichtig für Berechnungen und Computer sind beim Rechnen richtig schnell. Wie lange brauchst du für folgende Rechenaufgabe?
Die Variable für die folgende Berechnung heißt `nummer`**.**
Sie hat zu Beginn den Wert 4. Bei jedem Rechenschritt ändert sich der Wert der Variablen `nummer`**.**

- **Multipliziere** `nummer` **mit 4 (nummer = nummer x 4)**

- **Addiere 14 zur** `nummer` **(nummer = nummer + 14)**

- **Teile** `nummer` **durch 3 (nummer = nummer / 3)**

- **Subtrahiere 2 von** `nummer` **(nummer = nummer − 2)**

Welchen Wert hat `nummer` **jetzt?**

Auch wenn du dies vielleicht schnell ausgerechnet hast, ist der Computer sicherlich viel schneller als du. Computer brauchen für solche Berechnungen weniger als eine Sekunde.

Boolean
Wahr oder falsch?

Hast du Geschwister? Hat deine Freundin Haustiere? Diese Fragen sind
einfach zu beantworten:
Ja oder Nein. Aber wie kannst du diese Antworten im Computer speichern?
Du könntest es einfach als Text speichern:

```
hat_geschwister = "ja"
hat_haustier = "nein"
```

Beim Programmieren gibt es dafür aber noch eine bessere Lösung.
Denn als Antwort auf die Frage nach Geschwistern oder Haustieren
gibt es nur zwei mögliche Antworten:
Der Satz „Ich habe Geschwister" ist wahr oder falsch.
Der Satz „Mein Freund hat Haustiere" ist wahr oder falsch.
Also:

```
hat_geschwister = wahr
hat_haustier = falsch
```

Diese Art der Variablen wird Boolean genannt. Eine boolesche Variable
kann als Wert entweder wahr oder falsch haben. Im Englischen heißt das
true oder false.

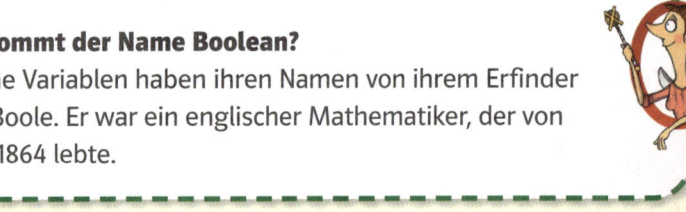

Woher kommt der Name Boolean?
Boolesche Variablen haben ihren Namen von ihrem Erfinder
George Boole. Er war ein englischer Mathematiker, der von
1815 bis 1864 lebte.

Beispiel

In Variablas Baumhaus ist das Licht entweder an oder aus. Es gibt nur diese beiden Möglichkeiten. Jedes Mal wenn sie auf den Lichtschalter drückt, ändert sich der Zustand.

Probier's aus!

Welche der folgenden Aussagen sind wahr und welche sind falsch? Kreuze an.

Aussage	wahr	falsch
35 ist größer als 25.		
Das Wort „Hey" ist länger als das Wort „Hallo".		
Berlin ist die Hauptstadt von Deutschland.		
Die Landessprache in Frankreich ist Englisch.		
Programmierer fangen bei 0 an zu zählen.		

Fallen dir noch mehr Aussagen ein, die entweder wahr oder falsch sind?

_____

_____

_____

_____

Listen
Mehr als nur ein Wort

Beim Ausfüllen eines Steckbriefs gibt es Fragen, die du mit nur einem Wort oder einer Zahl beantworten kannst.

Wenn du nach deinen Hobbys gefragt wirst, möchtest du vielleicht zwei, fünf oder sogar noch mehr Antworten eintragen. Um mehrere zusammengehörige Antworten zu speichern, verwenden Computer Listen. Eine Liste kannst du dir vorstellen wie eine Teeschachtel, die mehrere Teebeutel enthält.

```
teeschachtel_liste = {"Pfefferminztee", "Früchtetee", "Grüntee", "Hagebuttentee"}
```

Die einzelnen Elemente der `teeschachtel_liste` in diesem Beispiel sind Strings.
Listen können aber auch andere Datentypen enthalten, zum Beispiel Integer oder Booleans.
- Alle Trikotnummern einer Fußballmannschaft könnten in einer Liste mit Integern gespeichert werden `{1, 7, 8, 10}`.
- Ob ein Kind im letzten Spiel ein Tor geschossen hat oder nicht, könnte in einer Liste mit Booleans gespeichert werden `{wahr, wahr, falsch, wahr}`.

Listen sind praktisch. Du kannst die Liste zum Beispiel alphabetisch sortieren:
```
teeschachtel_liste = {"Früchtetee", "Grüntee", "Hagebuttentee", "Pfefferminztee"}
```

Du kannst auch von der alphabetisch sortierten Liste einzelne Listenelemente abfragen:
Welches Listenelement steht an Stelle 0? ➡ `"Früchtetee"`

Du kannst einzelne Listenelemente entfernen, zum Beispiel Grüntee.
```
teeschachtel_liste = {"Früchtetee",
"Hagebuttentee", "Pfefferminztee"}
```

Du kannst neue Listenelemente hinzufügen, zum Beispiel Salbeitee.
```
teeschachtel_liste = {"Früchtetee",
"Hagebuttentee", "Pfefferminztee",
"Salbeitee"}
```

Du kannst die Anzahl der Listenelemente abfragen.
Dazu sagen Programmierer auch Länge der Liste.
Bevor du den Salbeitee hinzugefügt hast,
war die Listenlänge 3, danach 4.
Wenn du den ganzen Tee getrunken hast,
dann hast du eine leere Liste (Listenlänge 0):
```
teeschachtel_liste = { }
```

Probier's aus!

Schau dir die beiden Rätsel-Listen an. Die erste Liste hat 12 Integer als Listenelemente.
Weißt du, was in der Liste gespeichert wird?

```
raetsel_liste1 = {31, 28, 31, 30, 31, 30, 31, 31, 30, 31, 30, 31}
```

_____

_____

Die zweite Liste hat 7 Strings als Listenelemente. Wofür könnten die Strings bzw. die Buchstaben
in der zweiten Liste stehen?

```
raetsel_liste2 = {"M", "D", "M", "D", "F", "S", "S"}
```

_____

`raetsel_liste1` **und** `raetsel_liste2` **sind keine sinnvollen Variablennamen.**
Welche Variablennamen würdest du den beiden Listen geben?

_____

Wenn du rausgefunden hast, was die beiden Listen enthalten, hier noch eine Bonusfrage:
Würde ein englischsprachiger Programmierer diese Listen entschlüsseln können?

_____

_____

Beispiel

Lea zeigt Paul, wo auf ihren Smartphones überall Listen verwendet
werden: Ihre Kontakte werden in Listen gespeichert, sodass sie jederzeit
neue Kontakte hinzufügen oder löschen kann. Auch SMS-Nachrichten,
Fotos oder Musikdateien werden als Listen gespeichert.

Auch im Alltag begegnen uns häufig Listen: Einkaufslisten oder Hausauf-
gabenlisten zum Beispiel. Fallen dir noch mehr Beispiele für Listen im
Alltag ein? **Schreibe die Beispiele auf.**

_____

_____

In der Unterwasserwelt haben sich verschiedene Variablenwerte versteckt. Roby soll diese einsammeln. Kannst du ihm dabei helfen?

1 Roby soll alle Booleans einsammeln.

2 Roby soll alle Integer einsammeln. Sie werden (in der App) automatisch in einer Liste gespeichert. Wenn er alle Integer eingesammelt hat, führe ihn auf das Sortieren-Feld, um die Integer-Liste zu sortieren.

3 Roby soll alle Buchstaben einsammeln und zu einem String zusammenfügen. Die Reihenfolge soll Roby so wählen, dass sich ein Wort ergibt.

Folgende Anweisungen versteht Roby:

Schritt vor

Drehung links

Drehung rechts

Sammle ein

Bedingte Anweisungen

Wenn ... dann ...

Im Alltag triffst du ständig Entscheidungen: Bevor du aus dem Haus gehst, entscheidest du, ob du eine Jacke brauchst oder nicht. Und ob du einen Regenschirm mitnimmst oder nicht. Auch Computer treffen Entscheidungen, damit sie sehr schnell Anweisungen ausführen können. Aber anders als wir Menschen können Computer nicht selbst denken.

Wie treffen sie dann Entscheidungen? Ganz einfach: Du musst dem Computer ganz genau sagen, wie er sich in bestimmten Situationen entscheiden soll, indem du ihn programmierst. Dafür gibt es **bedingte Anweisungen**. Im Englischen heißt das if-then bzw. if-else Anweisung. Bedingte Anweisungen helfen Computern dabei, Entscheidungen zu treffen, und machen Computerprogramme dadurch intelligenter. Paul und Lea treffen häufig Entscheidungen, ohne lange darüber nachzudenken.

- Wenn es kalt ist, dann zieht Paul seine Jacke an.
- Wenn es regnet, dann nimmt Lea ihren Regenschirm mit.

Das sind einfache Wenn-dann-Regeln, die im Alltag gar nicht auffallen.
Computer können solche Entscheidungen nur treffen, wenn sie programmiert werden.

Beispiel

Bedingte Anweisungen überprüfen eine Bedingung. Nur wenn diese zutrifft, wird die Anweisung ausgeführt.

> Wenn **der erste Advent ist,** dann **zünde ich eine Kerze an.**

Neben einfachen Wenn-dann-Anweisungen gibt es auch noch verzweigte Anweisungen.

> Wenn **der erste Advent ist,** dann **zünde ich eine Kerze an**
> sonst **zünde ich mehrere Kerzen an.**

Du kannst es auch noch genauer machen, indem du mehrere Sonst-Anweisungen verwendest.

> Wenn **der erste Advent ist,** dann **zünde ich eine Kerze an**
> sonst wenn **der zweite Advent ist,** dann **zünde ich zwei Kerzen an**
> sonst wenn **der dritte Advent ist,** dann **zünde ich drei Kerzen an**
> sonst **zünde ich vier Kerzen an.**

Probier's aus!

Hier siehst du verschiedene Wenn-dann-Satzteile. Welche passen zusammen?
Verbinde die Satzteile.

Wenn

Wenn **der Datendrache hungrig ist,**

Wenn **Variabla verreisen will,**

Wenn **Roby müde ist,**

Wenn **Paul Geburtstag hat,**

Wenn **Leas Wecker klingelt,**

dann

dann **nimmt er seine Kuscheldecke.**

dann **drückt sie die Schlummertaste.**

dann **isst er Datensalat.**

dann **packt sie ihren glitzernden Rollkoffer.**

dann **feiert er mit seinen Freunden.**

Fallen dir weitere Alltagsbeispiele ein, bei denen du Entscheidungen triffst?
Formuliere als Wenn-Dann-Sätze.

Schleifen
4.846 Mal „Hallo du!"

Stell dir vor, du sollst zehn Mal „Hallo du!" auf einen Zettel schreiben. Kein Problem für dich.
100 Mal? Immer noch kein Problem, obwohl es eine Weile dauert. 10.000 Mal?
Puh, das wird anstrengend und langweilig.
Computer langweilen sich nicht. Sie warten auf deine Anweisungen und sind sehr gut darin,
Dinge zu wiederholen. Egal ob 10 Mal, 100 Mal oder 4.846 Mal – und sie sind dabei auch noch
sehr schnell.
Wichtig ist aber, dass du dem Computer ganz genau sagst, was er und wie oft er etwas tun soll.
Statt „Hallo du!" mehrmals auszugeben, kann der Computer natürlich auch andere Dinge wieder-
holen. Zum Beispiel könnte der Computer elektronische Grußkarten für dich verschicken.
Du gibst ihm eine Liste mit Namen und E-Mail-Adressen, der Computer geht alle Kontakte
nacheinander durch und verschickt Grußkarten per E-Mail.

Beispiel

Paul hat seine Freunde zum Geburtstag eingeladen und es soll
Pfannkuchen zum Abendessen geben. Damit er mit seinen Freunden
spielen kann, programmiert er Roby und lässt ihn die Pfannkuchen backen.

Wiederhole 20 Mal:

- Nimm 1 Kelle Pfannkuchenteig.

- Gieße den Teig in die heiße Pfanne.

- Warte 1 Minute.

- Wende den Pfannkuchen.

- Warte 1 Minute.

- Nimm den Pfannkuchen aus der Pfanne.

- Lege den Pfannkuchen auf den Teller.

Solche Wiederholungen heißen beim Programmieren **Schleifen**. Programmiererinnen und Programmierer müssen erkennen, wann und wo es Wiederholungen gibt, und dann dafür Schleifen nutzen.

Probier's aus!

Für einen Ausflug mit der ganzen Klasse möchtest du Käsebrote machen. Insgesamt brauchst du 25 Käsebrote. Roby hilft dir dabei. Erkläre Roby Schritt für Schritt, was er tun soll.

Wiederhole _____ Mal:

- _Nimm zwei Scheiben Brot._
- _____
- _____
- _____
- _____

Schleifen
Beim Sportfest

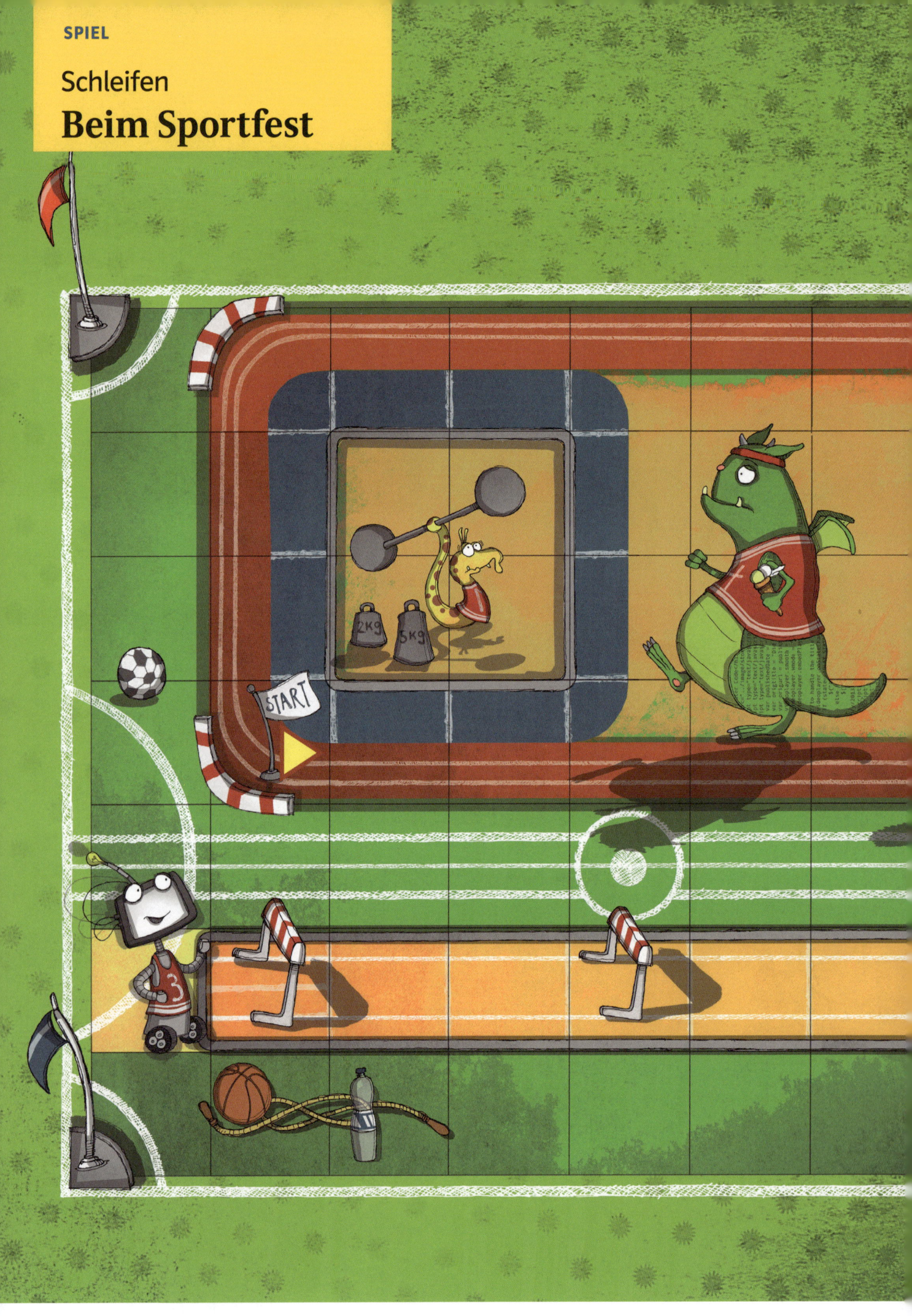

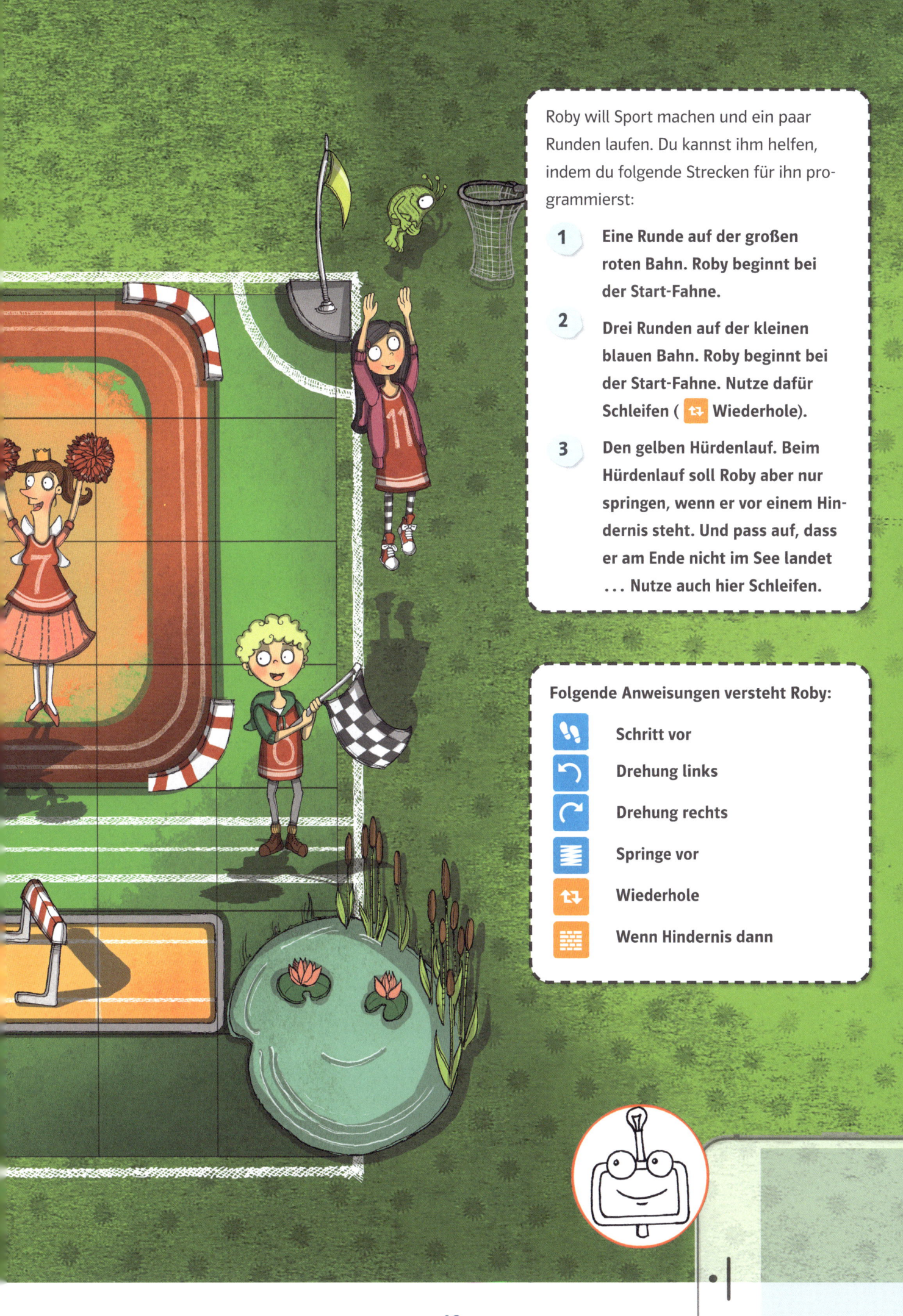

Roby will Sport machen und ein paar Runden laufen. Du kannst ihm helfen, indem du folgende Strecken für ihn programmierst:

1 Eine Runde auf der großen roten Bahn. Roby beginnt bei der Start-Fahne.

2 Drei Runden auf der kleinen blauen Bahn. Roby beginnt bei der Start-Fahne. Nutze dafür Schleifen (🔁 Wiederhole).

3 Den gelben Hürdenlauf. Beim Hürdenlauf soll Roby aber nur springen, wenn er vor einem Hindernis steht. Und pass auf, dass er am Ende nicht im See landet ... Nutze auch hier Schleifen.

Folgende Anweisungen versteht Roby:

👣	Schritt vor
↶	Drehung links
↷	Drehung rechts
☰	Springe vor
🔁	Wiederhole
▦	Wenn Hindernis dann

Funktionen
Aufgaben zusammenfassen und benennen

Du musst sicher manchmal im Haushalt helfen, zum Beispiel den Tisch decken.
Was sagen deine Eltern dann zu dir?
- „Kannst du bitte 4 Teller holen und sie auf dem Tisch verteilen?"
- „Kannst du bitte 4 Messer holen und sie zu den Tellern legen?"
- „Kannst du bitte 4 Gabeln holen?"
- „Kannst du bitte 4 Löffel holen ... Servietten holen ... Gläser holen ..."

Vermutlich reden deine Eltern so nicht mit dir. Sie sagen einfach:
- „Kannst du bitte den Tisch decken?"
Du weißt dann genau, was du machen sollst und was du dafür brauchst.

„Tisch decken" fasst verschiedene Teilaufgaben zusammen: Teller verteilen, Besteck zu den Tellern legen, Gläser verteilen usw.

Werden beim Programmieren mehrere zusammengehörende Anweisungen zusammengefasst, nennen Programmiererinnen und Programmierer dies eine **Funktion**. Eine Funktion hat immer einen Funktionsnamen. Den solltest du so wählen, dass er beschreibt, was die Funktion macht.
In unserem Beispiel ist ein guter Name für die Funktion `tischDecken`.
Die einzelnen Anweisungen sind dann Teil der Funktion. Es ist ein großer Unterschied, ob du den Tisch für 1 Person, für 4 Personen oder für 250 Personen decken sollst.
Die Anzahl teilst du dem Computer mit, indem du einen sogenannten **Parameter** verwendest.

Beispiel

Damit Lea den Tisch nicht selbst decken muss, programmiert sie Roby. Sie schreibt dafür folgende Funktion.

```
function tischDecken
    tellerAufTisch
    glasAufTisch
    besteckZumTellerLegen
    servietteZumTellerLegen
```

Lea überarbeitet die Programmierung noch mal. Sie hat vergessen, Roby mitzuteilen, für wie viele Personen er den Tisch decken soll. Dazu verwendet sie den Parameter `anzahlPersonen`.

```
function tischDecken(anzahlPersonen)
    wiederhole anzahlPersonen Mal
        tellerAufTisch
        glasAufTisch
        besteckZumTellerLegen
        servietteZumTellerLegen
```

Der Parameter heißt `anzahlPersonen`. `anzahlPersonen` ist wie eine Variable. Ein Platzhalter für eine Zahl. Wenn Lea den Tisch für 5 Personen decken möchte, schreibt sie `tischDecken(5)`.

```
function tischDecken(5)
    wiederhole 5 Mal
        tellerAufTisch
        glasAufTisch
        besteckZumTellerLegen
        servietteZumTellerLegen
```

Probier's aus!

Schau dir die Funktion mit Parameter noch mal an. Du willst den Tisch für 12 Personen decken. Schreibe die entsprechende Funktion auf.

_____

_____

_____

45

Wichtige Begriffe
kurz und knapp erklärt

Hier findest du wichtige Begriffe aus dem Arbeitsheft noch mal kurz und knapp erklärt.

Algorithmus
Ein Algorithmus ist eine Folge von Anweisungen, um ein bestimmtes Problem zu lösen.

Apps
Anwendungen für Smartphones oder Tablets werden oft Apps genannt (auf Englisch: Applications = Anwendungen). Apps laufen aber auch auf dem Computer. App ist also ein anderer Begriff für Computerprogramm.

Bedingte Anweisungen
Bedingte Anweisungen sagen dem Computer genau, wie er sich in welcher Situation entscheiden soll.

Boolean
Booleans sind Datentypen, die nur zwei Zustände kennen: wahr oder falsch (true oder false).

Bugs
Bugs sind Fehler im Computerprogramm.

Button
Ein Button ist ein klickbares Bedienelement. Benutzer steuern hiermit ein Programm.

Code
Code (oder besser: Quellcode) sind die Anweisungen des Computerprogramms, die der Computer ausführt.

Computer
Ein Computer ist ein Gerät, das programmiert werden kann und Anweisungen ausführt.

Computerprogramm
Ein Computerprogramm besteht aus Algorithmen, die ein oder mehrere Probleme lösen sollen.

Datentypen
Datentypen bezeichnen Datenarten (zum Beispiel String oder Integer), damit du weißt, was für Werte eine Variable annehmen kann.

Debugging
Das Auffinden und Entfernen von Fehlern im Code wird Debugging genannt.

Ereignisse
Ereignisse lösen in der Programmierung bestimmte Aktionen aus.

Funktion
Eine Funktion ist ein Teil eines Computerprogramms, das bestimmte Anweisungen bündelt.

Integer
Ganze Zahlen heißen in der Programmierung Integer.

Listen
In Listen speicherst du beliebig viele Elemente. Du kannst auch Elemente hinzufügen oder löschen.

Maschinensprache
Maschinensprache ist eine Programmiersprache, deren Anweisungen vom Prozessor eines Computers direkt ausgeführt werden können. Der Code wird also in eine Maschinensprache übersetzt, damit der Computer sie versteht.

Parameter
Zu Parametern sagt man auch Übergabewerte. Funktionen haben häufig Parameter, also beispielsweise Zahlen, um eine bestimmte Anzahl an Wiederholungen anzugeben. Je nach Wert der Parameter fällt das Ergebnis der Funktion anders aus.

Programmieren
Beim Programmieren schreibst du ein Computerprogramm und gibst dem Computer genaue Anweisungen, die er ausführen soll.

Programmiersprache
Um Anweisungen zu schreiben, die von einem Computer ausgeführt werden können, verwendest du Programmiersprachen.

Schleifen
Schleifen werden benutzt, um Wiederholungen im Computerprogramm zu programmieren.

Smartphone
Ein Smartphone ist ein Telefon, das deutlich mehr Funktionen hat als ein normales Telefon. Eine Besonderheit ist, dass du es über den Bildschirm mit dem Finger steuern kannst.

String
Strings (auf Deutsch: Zeichenketten) sind eine Folge von Zeichen. Sie werden häufig in Gänsefüßchen geschrieben.

Variablen
Variablen sind Platzhalter im Computerprogramm, mit denen du Informationen speichern und wieder auslesen kannst.

Variablenname
Der Variablenname ist die Bezeichnung der Variablen.

Variablenwert
Der Variablenwert ist die Information, die du in einer Variablen speicherst.

Viren
Viren sind Computerprogramme, die Computer schädigen.

Webanwendungen
Webanwendungen sind Computerprogramme, die im Internetbrowser laufen.

Autoren

Diana Knodel ist promovierte Informatikerin, **Philipp Knodel** ist promovierter Politikwissenschaftler. Beide interessieren sich für Bildung, Coding und die Arbeit mit Menschen.

2014 haben sie die gemeinnützige Organisation App Camps gegründet und 2018 fobizz. Fobizz ist die führende deutschsprachige Plattform für Weiterbildungen und Anbieter von digitalen Tools für Lehrkräfte und Schulen.

„Dieses Buch haben wir geschrieben, weil Programmieren Spaß macht und kreativ ist. Das wollen wir vermitteln. Außerdem ist es toll zu verstehen, wie Computer funktionieren. Die gibt es heute nämlich fast überall. Das Beste am Programmieren ist aber, dass man damit eigene Ideen umsetzen kann. Wenn man programmieren kann, kann man zum Beispiel eigene Spiele oder Apps für das Smartphone entwickeln."

Illustrator

Jan Radermacher, in Lingen an der Ems geboren, arbeitet seit seiner Schauspielausbildung in Hamburg auf verschiedenen Bühnen, als Autor für Theaterstücke und Illustrator von Bilderbüchern und Plakaten. Im Jahr 2016 erhielt er den Förderpreis für besondere Leistungen im kulturellen Bereich der Wolfgang Arnim Nagel Stiftung.